CIAO BOOKS
12歳。
〜カタコイ
diary〜
JN137929
illustration
まいた菜穂

魔法《まほう》の手帳《てちょう》といっしょに
恋《こい》をかなえよう！

恋《こい》って、どうしてこんなに
むずかしいの。

彼《かれ》のことを考《かんが》えるだけで
胸《むね》の奥《おく》がぎゅうってなる。

それなのに、
意地《いじ》を張《は》ってしまったり
勇気《ゆうき》が出《で》なかったり。

…だけど、
本当《ほんとう》は素直《すなお》になって
「大好《だいす》き」と伝《つた》えたい。

このダイアリーは、
そんな恋《こい》する女《おんな》の子《こ》たちが
恋《こい》をかなえるための魔法《まほう》の1冊《いっさつ》。

自分《じぶん》の気持《きも》ちや好《す》きな男《おとこ》の子《こ》について
感《かん》じていることを毎日《まいにち》書《か》いていくと
だんだん素直《すなお》になれて
恋《こい》のかなう日《ひ》が近《ちか》づいてきます。

恋《こい》がかなうまでの期間《きかん》は6か月《げつ》。

恋《こい》がかなう日《ひ》の最初《さいしょ》の一歩《いっぽ》を
手帳《てちょう》と一緒《いっしょ》に踏《ふ》みだしましょう！

このダイアリーの使い方

How To Use

ダイアリーページ

恋《こい》が進《すす》む3つの
ステップに分《わ》かれてるよ。
毎日《まいにち》、できたことや
カレについて書《か》こう。

3《スリー》ステップは6か月《げつ》で終《お》わるよ！
最後《さいご》にはカレとの恋《こい》が…♡

プロフィール

自分《じぶん》とカレの
プロフィールを書《か》きこもう！
毎日《まいにち》見返《みかえ》す
大切《たいせつ》なページだよ。

ラブレターわたし方《かた》

どんなラブレターの
わたし方《かた》が効果的《こうかてき》か
わかっちゃうよ！
カレのタイプは？

ラブレターレッスン

最後《さいご》はキモチを伝《つた》える
最強《さいきょう》のラブレターの
書《か》き方《かた》を教《おし》えちゃう。

この手帳《てちょう》に毎日《まいにち》書《か》きこんで
恋《こい》をかなえてね！

First《ファースト》 Step《ステップ》 with《ウィズ》 Hanabi《ハナビ》

はじめの2か月《げつ》

まずはあなたとカレのプロフィールを完成《かんせい》させよう。
カレについて知《し》らないことがいっぱいあるはず。
勇気《ゆうき》を出《だ》して聞《き》いてみてね。それも恋《こい》がかなう一歩《いっぽ》だよ。

プロフィールに書《か》きこんだ
「恋《こい》をかなえるために努力《どりょく》すること！」と
「恋《こい》をかなえたら彼《かれ》としたいこと！」を毎日《まいにち》読《よ》み直《なお》して、
その1日《にち》の自分《じぶん》の行動《こうどう》を見直《みなお》そう。
だんだん素直《すなお》になれちゃうよ！

わたしのこと

My Profile

Name
なまえ

Tel
でんわ

Address
じゅうしょ

Nickname
ニックネーム

Blood Type
けつえきがた

Horoscope
せいざ

About me? どんな人《ひと》?

スキなこと

キライなこと

得意《とくい》なこと

ペットや宝物《たからもの》

性格《せいかく》

恋《こい》のために 毎日《まいにち》できそうなことを書《か》こう!

1

2

3

「カレの前《まえ》では笑顔《えがお》になる」「毎日《まいにち》あいさつをする」みたいなカンタンなことでOK《オーケー》だよ。

大《だい》好《す》きなカレのこと

His Profile

Name
なまえ

Tel
でんわ

Address
じゅうしょ

Nickname
ニックネーム

Blood Type
けつえきがた

Horoscope
せいざ

About him? どんな人《ひと》？

スキなこと

キライなこと

得《とく》意《い》なこと

ペットや宝《たから》物《もの》

性《せい》格《かく》

恋《こい》をかなえたら彼《かれ》としたいこと！

カレとの恋《こい》がうまくいったときにやってみたいことを書《か》こう！「遊《ゆう》園《えん》地《ち》デート」「恋《こい》人《びと》つなぎ」など夢《ゆめ》でいいからテレずに書《か》いてね。

1

2

3

月　日　ようび

がんばれたこと

今日《きょう》の♥

月　日　ようび

がんばれたこと

今日《きょう》の♥

恋《こい》ガールのおしゃれテク

リップパックでぷるぷるくちびるに♥ リップクリームかハチミツを荒《あ》れたくちびるにたっぷりぬって、ラップをかぶせて5～10分《ぷん》パック！　息《いき》がしやすいように、ラップの真《ま》ん中《なか》には切《き》れ目《め》を入《い》れておくといいよ。

月　　日　　ようび

がんばれたこと

今日《きょう》の　♥

月　　日　　ようび

がんばれたこと

今日《きょう》の　♥

まりんの部屋《へや》
Special《スペシャル》

友《とも》だちのコミュ力《りょく》もフル活用《かつよう》よ！　本命《ほんめい》に声《こえ》をかけられない？　だったら“男《おとこ》の子《こ》と話《はな》せる”女《おんな》の子《こ》に頼《たよ》ればいいの。会話《かいわ》のきっかけを作《つく》ってもらえれば気《き》がラクだし、1対《たい》1じゃないぶん会話《かいわ》も弾《はず》むってもんよ！

月　日　ようび

がんばれたこと

今日《きょう》の ♥

月　日　ようび

がんばれたこと

今日《きょう》の ♥

Love《ラブ》×Love《ラブ》
おまじない

好《す》きな人《ひと》に気《き》にかけてもらえるには… 校庭《こうてい》や登下校《とうげこう》で好《す》きな男《おとこ》の子《こ》の影《かげ》をふんでみよう！　影《かげ》はカレ自身《じしん》の分身《ぶんしん》と言《い》われていて、古《ふる》くからのおまじないアイテム。影《かげ》を毎日《まいにち》踏《ふ》んでいると、カレの心《こころ》に入《はい》りこめちゃうかも？

月　日　ようび

がんばれたこと

今日《きょう》の♥

月　日　ようび

がんばれたこと

今日《きょう》の♥

両想《りょうおも》いってウワサが流《なが》れたら…？ そんなときは、逆《ぎゃく》にウワサを利用《りよう》するの！　周《まわ》りには違《ちが》うよ、って言《い》っておいて、カレとふたりきりになったら「なんか意識《いしき》しちゃうよね」って言《い》ってみて。カレがテレたら脈《みゃく》アリよ！

まりんの部屋《へや》
Special《スペシャル》

月　日　ようび

がんばれたこと

今日《きょう》の

月　日　ようび

がんばれたこと

今日《きょう》の

恋《こい》ガールの
おしゃれテク

三《み》つ編《あ》みカールでゆるふわヘアに　夜《よる》、お風呂《ふろ》あがりで半《はん》がわきの髪《かみ》をゆるめの三《み》つ編《あ》みに。毛先《けさき》10cm《センチ》くらいは編《あ》まずに丸《まる》めてゴムでとめると、毛先《けさき》までふわっとするよ。翌朝《よくあさ》ほどけば、ふわふわウェーブの完成《かんせい》♥

月　日　ようび

がんばれたこと

今日《きょう》の♥

月　日　ようび

がんばれたこと

今日《きょう》の♥

まりんの部屋《へや》 Special《スペシャル》

半年《はんとし》に1回《かい》くらいはイメチェンを 自分《じぶん》は男子《だんし》に意識《いしき》されてない…と思《おも》ってるなら、即《そく》イメチェンよ。相手《あいて》の気持《きも》ちを変《か》えたいなら、まず自分《じぶん》が変《か》わること。何《なに》もせずモテようなんて甘《あま》い！　モテは努力《どりょく》で作《つく》られるのよ！

月　日　ようび

がんばれたこと

今日《きょう》の♥

月　日　ようび

がんばれたこと

今日《きょう》の♥

Love《ラブ》×Love《ラブ》 おまじない

シャーペンで両想《りょうおも》いに♥ シャーペンをカレの名前《なまえ》の数《かず》だけノックして、出《で》た芯《しん》がなくなるまで真《ま》っ白《しろ》いノートにカレの名前《なまえ》を書《か》こう。最後《さいご》まで芯《しん》が折《お》れなかったら両想《りょうおも》いになれちゃうよ！

月　日　ようび

がんばれたこと

今日《きょう》の ♥

月　日　ようび

がんばれたこと

今日《きょう》の ♥

まりんの部《へ》屋《や》
Special《スペシャル》

“守《まも》ってあげたい女《おんな》の子《こ》” 最強説《さいきょうせつ》 男《おとこ》って結局《けっきょく》、かよわい女子《じょし》にひかれるのよね。だから、たまにはドジな一面《いちめん》も見《み》せましょ。忘《わす》れ物《もの》とか、ドッジボールですぐ当《あ》たるとか…「俺《おれ》がいなきゃ」って思《おも》わせたら勝《か》ちよ！

月　　日　　ようび

がんばれたこと

今日《きょう》の

月　　日　　ようび

がんばれたこと

今日《きょう》の

恋《こい》ガールのおしゃれテク

ヒジ&《アンド》ヒザ、かかとのケアも重要《じゅうよう》 入浴時《にゅうよくじ》に、市販《しはん》のスクラブで優《やさ》しく洗《あら》おう。お風呂《ふろ》からあがったら、ハンドクリームやボディクリームをしっかりぬりこんでラップを巻《ま》き、その上《うえ》から蒸《む》しタオルであたためて。

月　日　ようび

がんばれたこと

今日《きょう》の ♥

月　日　ようび

がんばれたこと

今日《きょう》の ♥

両想《りょうおも》いになったけど…なに話《はな》す？ ぶっちゃけなんでもいいわ。学校《がっこう》であったこと、おもしろかったＴＶ《テレビ》の話《はなし》…会話《かいわ》の中《なか》で、盛《も》り上《あ》がる話題《わだい》を探《さぐ》っていくの。ただ、あんまり質問攻《しつもんぜ》めにすると、うんざりされるわよ。

まりんの部屋《へや》 Special《スペシャル》

月　日　ようび

がんばれたこと

今日《きょう》の

月　日　ようび

がんばれたこと

今日《きょう》の

Love《ラブ》×Love《ラブ》
おまじない

愛《あい》の呪文《じゅもん》をささやこう 毎日《まいにち》、カレと会《あ》うたびに気付《きづ》かれないように「だいすきです」を1文字《もじ》ずつ言《い》おう。6日後《むいかご》、最後《さいご》の「す」まで誰《だれ》にも気付《きづ》かれずに言《い》えたら恋《こい》がかなうよ。

月　日　ようび

がんばれたこと

今日《きょう》の ♥

月　日　ようび

がんばれたこと

今日《きょう》の ♥

ホメられたら誰《だれ》でもうれしい！　ホメられてイヤな人間《にんげん》などいない！　本命《ほんめい》がいいことをしたらすかさずホメて。「そういうところイイと思《おも》う」「○○できるの？カッコイイ」ってね。素直《すなお》な言葉《ことば》ほど響《ひび》くものよ。

まりんの部屋《へや》 Special《スペシャル》

月　日　ようび

がんばれたこと

今日《きょう》の

月　日　ようび

がんばれたこと

今日《きょう》の

恋《こい》ガールの
おしゃれテク

手袋《てぶくろ》をつけて寝《ね》ればつるつるハンド　ガサガサの手《て》には、寝《ね》る前《まえ》のたっぷりハンドクリームが効果的《こうかてき》。マッサージするようにぬりこんでから、手袋《てぶくろ》をつけて寝《ね》れば、翌朝《よくあさ》つるつる☆　手袋《てぶくろ》は綿《めん》100%《パーセント》のものを選《えら》んでね。

月　日　ようび

がんばれたこと

今日《きょう》の♥

月　日　ようび

がんばれたこと

今日《きょう》の♥

聞《き》き上手《じょうず》な女《おんな》はモテる！ 男子《だんし》って、話《はなし》を聞《き》いてほしいってタイプが多《おお》いのよね。だから、間違《まちが》ってもカレを言《い》い負《ま》かしたり、カレよりおもしろいことを言《い》ったりしないこと。笑顔《えがお》で「うんうん」って聞《き》くべし。

まりんの部屋《へや》
Special《スペシャル》

月　日　ようび

がんばれたこと

今日《きょう》の♥

月　日　ようび

がんばれたこと

今日《きょう》の♥

Love《ラブ》×Love《ラブ》おまじない

カレの背中《せなか》に視線《しせん》で告白《こくはく》！ カレの背中《せなか》にあなたの視線《しせん》で大《おお》きいハートを書《か》こう。そのハートの中《なか》にあなたのイニシャルを書《か》いた後《あと》、話《はな》しかけると意識《いしき》されちゃうよ。視線《しせん》には不思議《ふしぎ》な魔力《まりょく》があるんだよ♥

月　　日　　ようび

がんばれたこと

今日《きょう》の♥

月　　日　　ようび

がんばれたこと

今日《きょう》の♥

ギャップ萌《も》えは外見《がいけん》だけじゃない　男《おとこ》の子《こ》っぽいのに手芸《しゅげい》が上手《じょうず》とか、おっとりしてるのに正義感《せいぎかん》は強《つよ》いとか、特技《とくぎ》や性格《せいかく》でもギャップ萌《も》えさせられるわ。つまり内面《ないめん》も大事《だいじ》ってこと。当《あ》たり前《まえ》だけど忘《わす》れないで。

まりんの部屋《へや》 Special《スペシャル》

月　日　ようび

がんばれたこと

今日《きょう》の

月　日　ようび

がんばれたこと

今日《きょう》の

恋《こい》ガールのおしゃれテク

シャンプー前《まえ》のひと手間《てま》で美髪《びはつ》☆ 髪《かみ》をぬらしてすぐシャンプー剤《ざい》をつけてない？　実《じつ》は、髪《かみ》の汚《よご》れのほとんどはお湯《ゆ》で落《お》ちるの。お湯《ゆ》でしっかり洗《あら》ったあと、シャンプー剤《ざい》で頭皮《とうひ》をマッサージするように洗《あら》ってね。

月　日　ようび

がんばれたこと

今日《きょう》の♥

月　日　ようび

がんばれたこと

今日《きょう》の♥

まりんの部屋《へや》 Special《スペシャル》

グループレジャーは効果的《こうかてき》 本命《ほんめい》に接近《せっきん》したくても、いきなりデートはハードル高《たか》すぎ。最初《さいしょ》はやっぱり、男女何人《だんじょなんにん》かのグループで遊《あそ》ぶのがオススメね。カレも誘《さそ》いに乗《の》りやすいし、とにかく楽《たの》しいのが一番《いちばん》よ！

月　日　ようび

がんばれたこと

今日《きょう》の

月　日　ようび

がんばれたこと

今日《きょう》の

Love《ラブ》×Love《ラブ》
おまじない

冷《つめ》たいカレの心《こころ》の扉《とびら》を開《ひら》こう！ カレの写真《しゃしん》を用意《ようい》しよう。そして、「好《す》きです」と言《い》いながら写真《しゃしん》のカレの胸《むね》を人差《ひとさ》し指《ゆび》で3回《かい》ノックして。毎晩続《まいばんつづ》けると、だんだんカレが優《やさ》しくなるよ。

月　日　ようび

がんばれたこと

今日《きょう》の♥

月　日　ようび

がんばれたこと

今日《きょう》の♥

"元気《げんき》"と"ガサツ"は別物《べつもの》 私《わたし》って元気《げんき》っ子《こ》、と思《おも》ってるあなた。言葉《ことば》づかいがきたなかったり、乱暴《らんぼう》な態度《たいど》やだらしないことしてない？　それ、元気《げんき》じゃなくてガサツだから。ガサツな女《おんな》は嫌《きら》われるわよ。

まりんの部屋《へや》
Special《スペシャル》

月　日　ようび

がんばれたこと

今日《きょう》の ♥

月　日　ようび

がんばれたこと

今日《きょう》の ♥

恋《こい》ガールのおしゃれテク

シャンプーをよく泡《あわ》立《だ》てるには シャンプーが泡《あわ》立《だ》つには、水《みず》と空気《くうき》が必要《ひつよう》なの。しっかり空気《くうき》をとりこむように手《て》を大《おお》きく動《うご》かせば、少《すく》ないシャンプー剤《ざい》でも泡《あわ》立《だ》ちがＵＰ《アップ》！　髪《かみ》も傷《いた》みにくくなるよ。

月　日　ようび

がんばれたこと

今日《きょう》の ♥

月　日　ようび

がんばれたこと

今日《きょう》の ♥

まりんの部屋《へや》Special《スペシャル》

カレの連絡先《れんらくさき》を知《し》りたいなら…　メアドやライン、連絡先《れんらくさき》を聞《き》きたいけど、直接聞《ちょくせつき》いたら好《す》きバレしそうで怖《こわ》い…わかるわかる。そんなときは、みんなで写真《しゃしん》を撮《と》って「写真送《しゃしんおく》るからメアド交換《こうかん》しよ！」でＯＫ《オーケー》☆

月　日　ようび

がんばれたこと

今日《きょう》の♥

月　日　ようび

がんばれたこと

今日《きょう》の♥

Love《ラブ》×Love《ラブ》おまじない

超《ちょう》カンタン！　消《け》しゴムおまじない　ピンクの消《け》しゴムの表《おもて》にカレの名前《なまえ》、裏《うら》にあなたの名前《なまえ》を書《か》こう。その名前《なまえ》を誰《だれ》にも見《み》られずに最後《さいご》まで使《つか》い切《き》ると恋《こい》がかなうよ。ピンクの消《け》しゴムを使《つか》うのがポイント！

月　日　ようび

がんばれたこと

今日《きょう》の ♥

月　日　ようび

がんばれたこと

今日《きょう》の ♥

告白《こくはく》していいのかわからない　たまに「告白《こくはく》したらカレはいやがるかも…」って言《い》う子《こ》いるけど、大丈夫《だいじょうぶ》。好《す》きって言《い》われていやがる人間《にんげん》はいないし、もしそういう相手《あいて》ならイヤなヤツだからサヨナラでいいわ。

まりんの部《へ》屋《や》 Special《スペシャル》

月　日　ようび

がんばれたこと

今日《きょう》の

月　日　ようび

がんばれたこと

今日《きょう》の

恋《こい》ガールのおしゃれテク

カンタン小顔《こがお》マッサージ　グーにした手《て》の第《だい》2関節《かんせつ》で、フェイスラインをぐりぐりとマッサージ。あごの下《した》から耳《みみ》の後《うし》ろまで、少《すこ》しずつ動《うご》かすイメージで。最後《さいご》は耳《みみ》の後《うし》ろを指《ゆび》でぐるぐるマッサージしてね。

月　日　ようび

がんばれたこと

今日《きょう》の

月　日　ようび

がんばれたこと

今日《きょう》の

仲良《なかよ》くなる方法《ほうほう》・その1　仲良《なかよ》くなるには、まず盛《も》り上《あ》がること。なんでもいいから“賭《か》け”をしてみて。「負《ま》けたら今度《こんど》ジュースおごって」とかね。勝《か》っても負《ま》けても盛《も》り上《あ》がるし、次《つぎ》の展開《てんかい》も期待《きたい》できる！

まりんの部屋《へや》
Special《スペシャル》

月　日　ようび

がんばれたこと

今日《きょう》の♥

月　日　ようび

がんばれたこと

今日《きょう》の♥

Love《ラブ》×Love《ラブ》おまじない

カレに左肩《ひだりかた》をさわってもらうと…♡　好《す》きな人《ひと》に左肩《ひだりかた》をさわってもらうとその人《ひと》との恋《こい》がすすむと言《い》われているよ。「ゴミをとってくれない？」と頼《たの》んでみたりして、カレにさわってもらおう！

月　日　ようび

がんばれたこと

今日《きょう》の ♥

月　日　ようび

がんばれたこと

今日《きょう》の ♥

スカートははきたくない！ 女《おんな》の子《こ》らしさがてっとり早《ばや》く演出《えんしゅつ》できるスカートだけど、苦手《にがて》なら仕方《しかた》ない。代《か》わりに他《ほか》の部分《ぶぶん》で女《おんな》の子《こ》らしさを出《だ》して。かわいいヘアピンをつけるとか、それだけでもＯＫ《オーケー》よ！

まりんの部屋《へや》 Special《スペシャル》

Congratulations!《コングラッチュレーション》

You have just completed your first step!

おめでとう！

最初《さいしょ》の２か月《げつ》が終《お》わったよ！

♥♥♥

恋《こい》のためにがんばれたことやカレについて
初《はじ》めて知《し》ったことなどを書《か》いてみよう！

ワッペンシール

「がんばったね！」
シールをはろう♡

Second《セカンド》 Step《ステップ》 with《ウィズ》 Yui《ユイ》

その次《つぎ》の2か月《げつ》

最初《さいしょ》に書《か》きこんだ「恋《こい》をかなえるために努力《どりょく》すること！」の
3つ《みっ》は毎日《まいにち》できてる？
難《むずか》しすぎたらプロフィールに戻《もど》ってできそうな内容《ないよう》に書《か》き直《なお》そう。
毎日《まいにち》ちょっとずつでも続《つづ》けることがカレとのキョリを縮《ちぢ》めるよ。

今月《こんげつ》からは意地《いじ》っ張《ぱ》りな自分《じぶん》や
勇気《ゆうき》の出《で》ない自分《じぶん》を変《か》えるにはどうしたらいいか
考《かんが》えながら手帳《てちょう》を書《か》いてみてね。

月　日　ようび

がんばれたこと

今日《きょう》の ♥

月　日　ようび

がんばれたこと

今日《きょう》の ♥

恋《こい》ガールの
おしゃれテク

自《じ》撮《ど》り撮影《さつえい》ではライトをON《オン》☆ 動画《どうが》や写真《しゃしん》を撮《と》るときは、ケータイ用《よう》の自《じ》撮《ど》りライトを使《つか》うのがオススメ♥ 目《め》がキラッと光《ひか》って見《み》えるし、肌《はだ》もキレイに見《み》えて、女子力《じょしりょく》200%UP《パーセントアップ》だよ！

月　　日　　ようび

がんばれたこと

今日《きょう》の ♥

月　　日　　ようび

がんばれたこと

今日《きょう》の ♥

男《おとこ》は揺《ゆ》れるものに弱《よわ》いらしい　学校《がっこう》ではＮＧ《エヌジー》だけど、遊《あそ》びに行《い》くときには“揺《ゆ》れる小物《こもの》”を１点投入《てんとうにゅう》！　揺《ゆ》れるチャームのついたイヤリングや、長《なが》めのリボンもいいかもね。男子《だんし》のハートも揺《ゆ》らしてやんな！

まりんの部《へ》屋《や》 Special《スペシャル》

月　日　ようび

がんばれたこと

今日《きょう》の

月　日　ようび

がんばれたこと

今日《きょう》の

Love《ラブ》×Love《ラブ》
おまじない

ふり向《む》いてくれないカレを変《か》える！ ぬいぐるみのお腹《なか》にカレの名前《なまえ》を赤《あか》く刺《し》しゅうして毎晩《まいばん》優《やさ》しく抱《だ》きしめよう。冷《つめ》たかったカレの態度《たいど》が、だんだん優《やさ》しくなってくるはず。赤《あか》い紙《かみ》に書《か》いた名前《なまえ》を入《い》れてもＯＫ《オーケー》！

月　日　ようび

がんばれたこと

今日《きょう》の♥

月　日　ようび

がんばれたこと

今日《きょう》の♥

まりんの部屋《へや》
Special《スペシャル》

メールやラインでがっつかない　用《よう》もないのに鬼《おに》のようにメッセージを送《おく》るとか、即《そく》レスを求《もと》めるとか絶対《ぜったい》ダメ。返事《へんじ》は少《すこ》し遅《おく》らせて、連絡《れんらく》も3日《みっか》に1度《ど》とか…じらしてやるくらいが、男《おとこ》の恋心《こいごころ》を刺激《しげき》するのよ！

月　日　ようび

がんばれたこと

今日《きょう》の

月　日　ようび

がんばれたこと

今日《きょう》の

恋《こい》ガールの
おしゃれテク

髪《かみ》は濡《ぬ》れっぱも乾《かわ》かしすぎもNG《エヌジー》　ドライヤーをかけるときは、洗《あら》い流《なが》さないトリートメントをぬってから、髪《かみ》の根元《ねもと》から真《ま》ん中《なか》くらいまでを乾《かわ》かすイメージで。毛先《けさき》は、根元《ねもと》から伝《つた》わる熱《ねつ》でじゅうぶん乾《かわ》くよ。

月　日　ようび

がんばれたこと

今日《きょう》の♥

月　日　ようび

がんばれたこと

今日《きょう》の♥

友《とも》だちと恋《こい》のライバルになったら　新《あたら》しい恋《こい》は見《み》つかるけど、一度《いちど》失《うしな》った友《ゆう》情《じょう》は取《と》り戻《もど》しにくいわ。それがわかってても彼《かれ》が好《す》きなら、友《とも》だちに堂々《どうどう》ライバル宣言《せんげん》よ。正々堂々《せいせいどうどう》ぶつかれば、いつか仲直《なかなお》りもできるわ。

まりんの部屋《へや》
Special《スペシャル》

月　日　ようび

がんばれたこと

今日《きょう》の

月　日　ようび

がんばれたこと

今日《きょう》の

Love《ラブ》×Love《ラブ》おまじない

ライバルを寄《よ》せつけない！　好《す》きなカレを狙《ねら》っているライバルたちがカレに近《ちか》づいたら、あなたの視線《しせん》でライバルの手《て》の甲《こう》に×《バツ》を書《か》いてね。あなたの視線《しせん》の魔力《まりょく》でライバルがカレに近寄《ちかよ》らなくなるよ。

月　日　ようび

がんばれたこと

今日《きょう》の ♥

月　日　ようび

がんばれたこと

今日《きょう》の ♥

まりんの部屋《へや》Special《スペシャル》

イケメンで恋《こい》のライバルが多《おお》い　ライバルが多《おお》かろうか少《すく》なかろうが、要《よう》は、カレがあなたを選《えら》ぶか選《えら》ばないかの二択《にたく》なの。ライバルのことを気《き》にしてるヒマがあったら、自分磨《じぶんみが》きを頑張《がんば》ってるほうがいいわよ。

月　日　ようび

がんばれたこと

今日《きょう》の

月　日　ようび

がんばれたこと

今日《きょう》の

恋《こい》ガールの
おしゃれテク

ニキビ対策《たいさく》はさわらない&《アンド》保湿《ほしつ》　ニキビは、さわらないことが一番《いちばん》の治療《ちりょう》。刺激《しげき》の少《すく》ない洗顔料《せんがんりょう》で、こすらず泡《あわ》をころがすイメージで優《やさ》しく洗《あら》い、しっかりすすいだら化粧水《けしょうすい》をたっぷり。野菜《やさい》もちゃんと食《た》べて！

月　日　ようび

がんばれたこと

今日《きょう》の ♥

月　日　ようび

がんばれたこと

今日《きょう》の ♥

まりんの部屋《へや》
Special《スペシャル》

まずは意識《いしき》してもらうことが課題《かだい》 そのためには“視線《しせん》を合《あ》わせる”。「あの子《こ》とよく目《め》が合《あ》うな」と思《おも》ってもらえれば第《だい》１段階《だんかい》クリアよ！　３秒《びょう》くらい目《め》を合《あ》わせてからニッコリ笑《わら》って、７秒《びょう》くらいで目《め》をそらして。

月　日　ようび

がんばれたこと

今日《きょう》の♥

月　日　ようび

がんばれたこと

今日《きょう》の♥

Love《ラブ》×Love《ラブ》
おまじない

ハート型《がた》の雲《くも》を見《み》つけたら…！ 空《そら》でハート型《がた》になっている雲《くも》を見《み》つけたら、すぐに写真《しゃしん》を撮《と》ろう。写真《しゃしん》をベッドの横《よこ》に貼《は》って毎晩《まいばん》見《み》つめるとステキな恋《こい》がおとずれるよ。スマホで撮《と》って待《ま》ちうけにするのもオススメ！

月　日　ようび

がんばれたこと

今日《きょう》の♥

月　日　ようび

がんばれたこと

今日《きょう》の♥

まりんの部屋《へや》 Special《スペシャル》

緊張《きんちょう》してうまく話《はな》せないときは？ 正直《しょうじき》に「緊張《きんちょう》しちゃう」って言《い》っちゃいな。相手《あいて》がいい子《こ》ならペースを合《あ》わせてくれるし、「なんで？」って会話《かいわ》にもつながるわ。「かっこいいから緊張《きんちょう》する」って言《い》えれば満点《まんてん》よ。

月　日　ようび

がんばれたこと

今日《きょう》の

月　日　ようび

がんばれたこと

今日《きょう》の

恋《こい》ガールのおしゃれテク

日《ひ》焼《や》け止《ど》めは秋冬《あきふゆ》も必要《ひつよう》？ 必要《ひつよう》です。秋《あき》も冬《ふゆ》も、紫外線《しがいせん》は降《ふ》り注《そそ》いでいるよ。美白《びはく》を目指《めざ》したいなら、秋冬《あきふゆ》も日《ひ》焼《や》け止《ど》めをぬって。美白効果《びはくこうか》が高《たか》いビタミンC《シー》たっぷりのフルーツも、なるべく食《た》べてね♥

月　　日　　ようび

がんばれたこと

今日《きょう》の♥

月　　日　　ようび

がんばれたこと

今日《きょう》の♥

まりんの部屋《へや》 Special《スペシャル》

仲良《なかよ》くなる方法《ほうほう》・その2　本命《ほんめい》に貸《か》してあげる日《ひ》がくるかもしれないから、ノートはきれいにまとめておいて。あまりマジメすぎても面白《おもしろ》くないから、絵《え》を描《か》いておくとか、かわいいアピールも忘《わす》れずに☆

月　日　ようび

がんばれたこと

今日《きょう》の ♥

月　日　ようび

がんばれたこと

今日《きょう》の ♥

Love《ラブ》×Love《ラブ》
おまじない

カレのクツに恋《こい》の魔法《まほう》を♥ 自分《じぶん》の前髪《まえがみ》を1本《ぽん》、こっそりカレのクツの奥《おく》に入《い》れてね。カレは歩《ある》くたびに、不思議《ふしぎ》とあなたのことを考《かんが》えて、恋《こい》に落《お》ちちゃう！　恋《こい》する女《おんな》の子《こ》の前髪《まえがみ》は恋《こい》をかなえる魔力《まりょく》があるよ！

月　日　ようび

がんばれたこと

今日《きょう》の ♥

月　日　ようび

がんばれたこと

今日《きょう》の ♥

まりんの部屋《へや》 Special《スペシャル》

話《はな》すきっかけ【変顔《へんがお》する】 少《すこ》し仲良《なかよ》くなったけど、用事《ようじ》もないし話《はな》しかけられない…ってときは“変顔《へんがお》”よ。目《め》が合《あ》ったときに変顔《へんがお》すれば、盛《も》り上《あ》がり間違《まちが》いナシ。マジメなカレには効《き》かないかもだけど（汗）

月　日　ようび

がんばれたこと

今日《きょう》の

月　日　ようび

がんばれたこと

今日《きょう》の

恋《こい》ガールの
おしゃれテク

化粧水《けしょうすい》を使《つか》いこなして美肌《びはだ》に！　化粧水《けしょうすい》はただ塗《ぬ》るだけじゃもったいない。何枚《なんまい》かのコットンにたっぷりふくませて肌《はだ》に貼《は》り、フェイスパックにしたり、時間《じかん》をかけて３～７回《かい》化粧水《けしょうすい》をぬることで保湿効果《ほしつこうか》もＵＰ《アップ》！

月　日　ようび

がんばれたこと

今日《きょう》の♥

月　日　ようび

がんばれたこと

今日《きょう》の♥

話《はな》すきっかけ【質問《しつもん》する】 勉強《べんきょう》ができる、運動《うんどう》ができる…いわゆる“デキる”カレには、質問《しつもん》を口実《こうじつ》に話《はな》しかけるの。「足早《あしはや》くてスゴイね！　コツとかあるの？」と、ホメをプラスすれば、きっと教《おし》えてくれるわ。

月　日　ようび

がんばれたこと

今日《きょう》の

月　日　ようび

がんばれたこと

今日《きょう》の

Love《ラブ》×Love《ラブ》おまじない

新《あたら》しいハンカチを使《つか》う朝《あさ》に 買《か》ったばかりのハンカチをポケットに入《い》れる前《まえ》に、カレの名前《なまえ》を3回《かい》声《こえ》に出《だ》して唱《とな》えよう。その日《ひ》は1日中《いちにちじゅう》、カレにはあなたが新鮮《しんせん》な女《おんな》の子《こ》に見《み》えちゃう。

月　日　ようび

がんばれたこと

今日《きょう》の ♥

月　日　ようび

がんばれたこと

今日《きょう》の ♥

仲良《なかよ》くなる方法《ほうほう》・その3　一緒《いっしょ》に何《なに》かをすると、距離《きょり》が縮《ちぢ》まるってのは本当《ほんとう》よ。だから、同《おな》じ係《かかり》になったりして、一緒《いっしょ》にいる時間《じかん》を増《ふ》やすこと。あとはカレが何《なに》かしていたら、お手伝《てつだ》いを申《もう》し出《で》るのもアリね。

まりんの部屋《へや》Special《スペシャル》

月　日　ようび

がんばれたこと

今日《きょう》の

月　日　ようび

がんばれたこと

今日《きょう》の

恋《こい》ガールのおしゃれテク

お腹《なか》へこませエクササイズ　お風呂《ふろ》あがりに1日《にち》20回《かい》の腹筋《ふっきん》を。ヒザは90度《ど》くらいに曲《ま》げて、胸元《むなもと》でクロスした両手《りょうて》を肩《かた》においてね。息《いき》をはきながら、できるところまでゆっくりと上体《じょうたい》を起《お》こそう。

月　日　ようび

今日《きょう》の♥

がんばれたこと

月　日　ようび

今日《きょう》の♥

がんばれたこと

まりんの部屋《へや》 Special《スペシャル》

好《す》きな人《ひと》に意地悪《いじわる》されたら… あなたを好《す》きな可能性大《かのうせいだい》よ。相手《あいて》をよーく観《かん》察《さつ》して、好意《こうい》があるとわかったら、冗談《じょうだん》っぽく「私《わたし》のこと好《す》きなの？」って言《い》ってみて。相手《あいて》が真《ま》っ赤《か》になったらビンゴ…両想《りょうおも》いね♥

月　日　ようび

がんばれたこと

今日《きょう》の ♡

月　日　ようび

がんばれたこと

今日《きょう》の ♡

Love《ラブ》×Love《ラブ》
おまじない

赤《あか》ペンを使《つか》ったおまじない　毎日《まいにち》使《つか》うノートの最後《さいご》のページに赤《あか》ペンでハートを書《か》いて、その中《なか》にカレとあなたのイニシャルを書《か》こう。そのノートを使《つか》い切《き》ると両想《りょうおも》いに！　ノートは毎日《まいにち》持《も》ち歩《ある》いてね。

月　日　ようび

がんばれたこと

今日《きょう》の ♥

月　日　ようび

がんばれたこと

今日《きょう》の ♥

まりんの部《へ》屋《や》Special《スペシャル》

無理《むり》めの相手《あいて》に告白《こくはく》するときは… 自信《じしん》がないけど告白《こくはく》したいときは、返事《へんじ》はその場《ば》でもらわないこと。「返事《へんじ》は1か月後《げつご》にして」って言《い》えば、その1か月《げつ》、カレはあなたのことを考《かんが》えるし、逆転《ぎゃくてん》の可能性《かのうせい》も出《で》てくるわ！

月　日　ようび

がんばれたこと

今日《きょう》の♡

月　日　ようび

がんばれたこと

今日《きょう》の♡

恋《こい》ガールの
おしゃれテク

お尻《しり》ひきしめエクササイズ 横《よこ》にイスなどを置《お》いてつかまり、姿勢《しせい》正《ただ》しく立《た》った状態《じょうたい》で、足《あし》を大《おお》きく後《うし》ろに振《ふ》り上《あ》げて。前《まえ》かがみにならないよう背筋《せすじ》はのばすこと。左右《さゆう》の足《あし》10回《かい》ずつで、きゅっとしたお尻《しり》に。

月　日　ようび

がんばれたこと

今日《きょう》の♥

月　日　ようび

がんばれたこと

今日《きょう》の♥

まりんの部屋《へや》Special《スペシャル》

好《す》きな人《ひと》とクラスがはなれたら カレのクラスにスパイ（女友《おんなとも》だち）を作《つく》ることね。カレの情報《じょうほう》もゲットできるし、友《とも》だちに会《あ》いに行《い》くフリでカレにも会《あ》えるし、一石二鳥《いっせきにちょう》。それが無理《むり》なら、カレの教室《きょうしつ》の前《まえ》をウロウロよ！

月　日　ようび

がんばれたこと

今日《きょう》の ♥

月　日　ようび

がんばれたこと

今日《きょう》の ♥

Love《ラブ》×Love《ラブ》
おまじない

鏡《かがみ》に笑《わら》いかけて恋《こい》を引《ひ》きよせる　満月《まんげつ》の夜《よる》に月《つき》が見《み》える窓《まど》のそばに鏡《かがみ》を用意《ようい》するよ。鏡《かがみ》に向《む》かって「私《わたし》は○○くんの恋人《こいびと》」と笑《わら》いながら５回《かい》唱《とな》えよう。満月《まんげつ》を５回《かい》むかえた頃《ころ》には恋《こい》がかなうはず。

月　日　ようび

がんばれたこと

今日《きょう》の ♥

月　日　ようび

がんばれたこと

今日《きょう》の ♥

男子《だんし》の好《この》みにもビンカンに！ 女子《じょし》が苦手《にがて》な男子《だんし》でも、自分《じぶん》の好《す》きなことについては話《はな》せるはず。少年《しょうねん》まんがを読《よ》んだり、ゲームをしたり、カレと共通《きょうつう》の趣味《しゅみ》を作《つく》ること。まずは、友《とも》だちになることから始《はじ》めましょ！

まりんの部屋《へや》
Special《スペシャル》

月　日　ようび

がんばれたこと

今日《きょう》の

月　日　ようび

がんばれたこと

今日《きょう》の

恋《こい》ガールのおしゃれテク

太《ふと》ももほっそりエクササイズ　“太《ふと》もも上《あ》げ”で美脚《びきゃく》を目指《めざ》して。背《せ》すじをのばして立《た》ち、腕《うで》を振《ふ》ってその場《ば》で足踏《あしぶ》み。ヒザを曲《ま》げた角度《かくど》が90度《ど》になるように、太《ふと》ももを上《あ》げるのがポイント。1日《にち》20回《かい》を目安《めやす》に。

月　　日　ようび

がんばれたこと

今日《きょう》の♥

月　　日　ようび

がんばれたこと

今日《きょう》の♥

まりんの部屋《へや》
Special《スペシャル》

リアクションは大《おお》きめにが鉄則《てっそく》　カレの言葉《ことば》に笑《わら》ったり、驚《おどろ》いたりは、オーバーリアクション気味《ぎみ》のほうが好感度《こうかんど》高《たか》いわ。とはいえ、わざとらしい感《かん》じはＮＧ《エヌジー》。ちょうどいい感《かん》じの反応《はんのう》を、何度《なんど》も練習《れんしゅう》してみて☆

Congratulations!《コングラッチュレーション》

You have just completed your second step!

おめでとう！

次《つぎ》の2か月《げつ》が終《お》わったよ！

♥ ♥ ♥

前《まえ》よりも素直《すなお》になれたり
勇気《ゆうき》を出《だ》せたりした時《とき》のことを書《か》いておこう。

ワッペンシール

「素直《すなお》になれるよ！」
シールをはろう♡

Final《ファイナル》 Step《ステップ》 with《ウィズ》 Kako《カコ》

最後《さいご》の２か月《げつ》

ついにカレとの恋《こい》をかなえるための最後《さいご》の２か月《げつ》になったよ。
カレについて前《まえ》よりも知《し》ることができて、
キョリもどんどん近《ちか》くなってきているよね。

でも、前《まえ》よりももっと好《す》きになりすぎて、
また不安《ふあん》な気持《きも》ちになっている子《こ》も多《おお》いかも。
大丈夫《だいじょうぶ》！
自分《じぶん》の気持《きも》ちをカレに伝《つた》えるまでもう少《すこ》しだよ。

月　日　ようび

がんばれたこと

今日《きょう》の♥

月　日　ようび

がんばれたこと

今日《きょう》の♥

恋《こい》ガールの
おしゃれテク

好《す》きなアイドルのダンスでやせる　好《す》きなアイドルのダンスを、1日《にち》1回《かい》、1曲《きょく》まるまる踊《おど》るだけで立派《りっぱ》なエクササイズに！　やせるし、DVD《ディーブイディー》を見《み》ながらならテンション上《あ》がるし、一発芸《いっぱつげい》にもなるしで一石三鳥《いっせきさんちょう》☆

月　日　ようび

がんばれたこと

今日《きょう》の♥

月　日　ようび

がんばれたこと

今日《きょう》の♥

しゃべり方《かた》は少《すこ》しゆっくりめに 好《す》きな人《ひと》と話《はな》すときは緊張《きんちょう》して、早口《はやくち》になりがち。自分《じぶん》がカレに話《はな》すときは、少《すこ》しゆっくりめを意識《いしき》してみて。そのほうが聞《き》き取《と》りやすいし、女《おんな》の子《こ》らしい印象《いんしょう》もアピールできるわ。

まりんの部屋《へや》
Special《スペシャル》

月　　日　　ようび

がんばれたこと

今日《きょう》の

月　　日　　ようび

がんばれたこと

今日《きょう》の

Love《ラブ》×Love《ラブ》
おまじない

バンソウコウのおまじない 利《き》き手《て》とは反対《はんたい》の手首《てくび》にカレの名前《なまえ》を書《か》いてバンソウコウで隠《かく》そう。3日後《みっかご》、バンソウコウをはがした後《あと》に告白《こくはく》するとうまくいくよ！バンソウコウの下《した》の文字《もじ》は誰《だれ》にも見《み》られないでね！

月　日　ようび

がんばれたこと

今日《きょう》の♥

月　日　ようび

がんばれたこと

今日《きょう》の♥

まりんの部屋《へや》
Special《スペシャル》

仲良《なかよ》くなる方法《ほうほう》・その4　それは“ヒミツ”よ！　ふたりだけのヒミツを持《も》つことで、特別《とくべつ》な存在《そんざい》になれるの。ふたりっきりになったときに、自分《じぶん》のヒミツをカレに打《う》ち明《あ》けて「ナイショだよ♥」でOK《オーケー》☆

月　日　ようび

がんばれたこと

今日《きょう》の

月　日　ようび

がんばれたこと

今日《きょう》の

恋《こい》ガールの おしゃれテク

かわいい写真《しゃしん》を撮《と》るコツは…？　“自然光《しぜんこう》”で明《あか》るく見《み》える場所《ばしょ》で撮《と》ること。やわらかい印象《いんしょう》になって、かわいさがＵＰ《アップ》！　カラフルな小物《こもの》を入《い》れると、おしゃれ感《かん》が出《で》るよ。食《た》べ物《もの》は真上《まうえ》から撮《と》るのがＧＯＯＤ《グッド》☆

月　日　ようび

がんばれたこと

今日《きょう》の♥

月　日　ようび

がんばれたこと

今日《きょう》の♥

モテ女子《じょし》をマネしてみる　そんなの恥《は》ずかしいと思《おも》ってる？　もったいない！　モテたいなら、頼《たの》んででもモテ技《わざ》を教《おし》えてもらうのよ！　服装《ふくそう》、ヘアアレ…マネすることで、見《み》えてくることもあるはずだわ。

まりんの部屋《へや》 Special《スペシャル》

月　日　ようび

がんばれたこと

今日《きょう》の ♥

月　日　ようび

がんばれたこと

今日《きょう》の ♥

Love《ラブ》×Love《ラブ》おまじない

リップクリームに魔法《まほう》をかける！ 新《あたら》しいリップを使《つか》いはじめる時《とき》に針《はり》でカレの名前《なまえ》を彫《ほ》ろう。使《つか》うたびに心《こころ》の中《なか》でカレに告白《こくはく》してね。リップを1本《いっぽん》使《つか》い終《お》わる頃《ころ》には両想《りょうおも》いのはず。

月　日　ようび

がんばれたこと

今日《きょう》の

月　日　ようび

がんばれたこと

今日《きょう》の

まりんの部《へ》屋《や》 Special《スペシャル》

男《おとこ》の子《こ》は恥《は》ずかしがり屋《や》さん　小中学生男子《しょうちゅうがくせいだんし》は、特《とく》に恋愛面《れんあいめん》で周《まわ》りを気《き》にする生《い》き物《もの》よ。告白《こくはく》やアプローチは、できるだけ他《ほか》の人《ひと》がいない場所《ばしょ》でするのがいいわ。みんなの前《まえ》じゃ、本音《ほんね》を言《い》ってくれないかも。

月　日　ようび

がんばれたこと

今日《きょう》の

月　日　ようび

がんばれたこと

今日《きょう》の

恋《こい》ガールの
おしゃれテク

目《め》を大《おお》きくするエクササイズ ゆっくりウインクして、とじた状態《じょうたい》を10秒《びょう》ほどキープしてから、またゆっくり開《ひら》いてね。左右《さゆう》の目《め》5回《かい》ずつを目安《めやす》に。目《め》をぎゅっとつむり、10秒《びょう》キープしてから開《あ》けるのも効果的《こうかてき》。

月　日　ようび

がんばれたこと

今日《きょう》の♥

月　日　ようび

がんばれたこと

今日《きょう》の♥

遊《あそ》びにいったら別《わか》れ際《ぎわ》を大切《たいせつ》に 人間《にんげん》って、最後《さいご》の印象《いんしょう》が強《つよ》く残《のこ》るものなの。遊《あそ》びに行《い》ったらサヨナラする前《まえ》に、必《かなら》ず笑顔《えがお》で「楽《たの》しかった！　また行《い》きたいな」って言《い》うのを忘《わす》れないで。これで好感度《こうかんど》爆上《ばくあ》げよ！

まりんの部屋《へや》
Special《スペシャル》

月　日　ようび

がんばれたこと

今日《きょう》の♥

月　日　ようび

がんばれたこと

今日《きょう》の♥

Love《ラブ》×Love《ラブ》おまじない

想《おも》いをこめた消《け》しゴムかす　青《あお》い紙《かみ》にえんぴつでカレの名前《なまえ》を１００回《かい》書《か》いて、青《あお》い消《け》しゴムで消《け》そう。その消《け》しゴムかすをビンに入《い》れて持《も》ち歩《ある》くと恋《こい》がかなうよ。消《け》しゴムかすが入《はい》ったビンは告白《こくはく》する時《とき》のお守《まも》りにも！

月　日　ようび

がんばれたこと

今日《きょう》の ♥

月　日　ようび

がんばれたこと

今日《きょう》の ♥

前《まえ》向《む》きさが女子《じょし》を魅力的《みりょくてき》にする！ 「どうせ私《わたし》なんて…」って言《い》ってる子《こ》は、美人《びじん》でもモテないわ。前《まえ》向《む》きに、毎日《まいにち》笑顔《えがお》でいる子《こ》のほうがずっと魅力的《みりょくてき》なのよね～。小《ちい》さなことでも楽《たの》しみを見《み》つけて、前《まえ》向《む》きにＧＯ《ゴー》！

まりんの部《へ》屋《や》
Special《スペシャル》

月　日　ようび

がんばれたこと

今日《きょう》の ♥

月　日　ようび

がんばれたこと

今日《きょう》の ♥

恋《こい》ガールの おしゃれテク

ダイエットをしたいなら野菜《やさい》から 食事《しょくじ》のひと口目《くちめ》は野菜《やさい》！　太《ふと》る原因《げんいん》のひとつで、ご飯《はん》などに含《ふく》まれる“糖《とう》”の吸収《きゅうしゅう》をおだやかにしてくれるし、野菜《やさい》をよく噛《か》んで食《た》べることで、満腹感《まんぷくかん》がＵＰ《アップ》して食事量《しょくじりょう》も減《へ》るよ。

月　日　ようび

がんばれたこと

今日《きょう》の♥

月　日　ようび

がんばれたこと

今日《きょう》の♥

仲良《なかよ》くなる方法《ほうほう》・その5　“スキンシップ”も積極的《せっきょくてき》に取《と》り入《い》れていきたいわ。とはいえ、ベタベタするのはナシよ！　朝《あさ》のあいさつをするときに肩《かた》をたたくとか、服《ふく》をホメながらさわるとか、基本《きほん》さりげなく！

まりんの部屋《へや》
Special《スペシャル》

月　日　ようび

がんばれたこと

今日《きょう》の♥

月　日　ようび

がんばれたこと

今日《きょう》の♥

Love《ラブ》×Love《ラブ》おまじない

下《した》じきでキョリを近《ちか》くする！ 色《いろ》がついた透明《とうめい》な下《した》じきを用意《ようい》しよう。下《した》じき越《こ》しにカレを見《み》つめて「好《す》き」と10回《かい》つぶやこう。つぶやき終《お》わるまで誰《だれ》にも気付《きづ》かれなかったらカレと急接近《きゅうせっきん》！

月　　日　　ようび

がんばれたこと

今日《きょう》の ♥

月　　日　　ようび

がんばれたこと

今日《きょう》の ♥

カレが私《わたし》を好《す》きかどうか知《し》りたい！ 授業中《じゅぎょうちゅう》、口《くち》パクで「す・き」って言《い》ってみて。カレが真《ま》っ赤《か》になったら脈《みゃく》アリ。ふだんから意識《いしき》してなきゃ、「好《す》き」って言《い》われたって思《おも》わないからね。「は？」って顔《かお》されたら残念《ざんねん》！

まりんの部屋《へや》
Special《スペシャル》

月　日　ようび

がんばれたこと

今日《きょう》の♥

月　日　ようび

がんばれたこと

今日《きょう》の♥

恋《こい》ガールの
おしゃれテク

速攻《そっこう》で小顔《こがお》に見《み》せるテクニック　前髪《まえがみ》を斜《なな》めに流《なが》す、大《おお》きめのメガネをかける、V《ブイ》ネックの服《ふく》を着《き》る、長《なが》めのイヤリングをする…など。エクササイズするヒマも、メイクもできないＪＳ《ジェイエス》やＪＣ《ジェイシー》は、小技《こわざ》をきかせて小顔《こがお》に！

月　日　ようび

がんばれたこと

今日《きょう》の ♥

月　日　ようび

がんばれたこと

今日《きょう》の ♥

バレンタインは絶対《ぜったい》のるべき！　バレンタインは、想《おも》いを伝《つた》える絶好《ぜっこう》の機《き》会《かい》！　ちゃんと準備《じゅんび》して挑《いど》みましょ。本命《ほんめい》がいなくても、義理《ぎり》チョコをばらまくことで、意識《いしき》してくれる男子《だんし》も増《ふ》えるからソンはないわ。

まりんの部屋《へや》
Special《スペシャル》

月　日　ようび

がんばれたこと

今日《きょう》の ♥

月　日　ようび

がんばれたこと

今日《きょう》の ♥

Love《ラブ》×Love《ラブ》
おまじない

ラブレターにかけるおまじない ラブレターをわたす前《まえ》の夜《よる》、ラブレターを月《つき》にかざしてカレの名前《なまえ》を唱《とな》えるよ。朝《あさ》起《お》きたら太陽《たいよう》にも同《おな》じことをしよう。これであなたの告白《こくはく》はうまくいくはず！

月　　日　　ようび

がんばれたこと

今日《きょう》の♥

月　　日　　ようび

がんばれたこと

今日《きょう》の♥

まりんの部屋《へや》
Special《スペシャル》

ハラペコ男子《だんし》を食《た》べ物《もの》でつる　おいしいものを一緒《いっしょ》に食《た》べると、親密度《しんみつど》が上《あ》がるわ。「このチョコおいしいよ、ひとつ食《た》べる？」「それおいしそう！　ちょっとちょうだい」と、おやつを分《わ》け合《あ》うのがオススメよ。

月　日　ようび

がんばれたこと

今日《きょう》の♥

月　日　ようび

がんばれたこと

今日《きょう》の♥

恋《こい》ガールのおしゃれテク

やっぱり萌《も》え袖《そで》がかわいい♥ 長《なが》い袖《そで》から指先《ゆびさき》だけ出《だ》す萌《も》え袖《そで》は、女子《じょし》をかわいく見《み》せてくれるよ。春夏《はるなつ》でもクーラーで冷《ひ》えるときは、薄手《うすで》のカーディガンで萌《も》え袖《そで》しよう。逆《ぎゃく》に、腕《うで》まくりはクールな印象《いんしょう》に。

月　日　ようび

がんばれたこと

今日《きょう》の ♥

月　日　ようび

がんばれたこと

今日《きょう》の ♥

まりんの部《へ》屋《や》Special《スペシャル》

ハンカチ、リップは忘《わす》れずに ハンカチを持《も》ってない男子《だんし》は多《おお》いし、貸《か》すだけで会話《かいわ》もできるスグレモノ。リップはくちびるケアに。くちびるがガッサガサだと、それだけでマイナス２０点《てん》ね。モテ女子《じょし》のマストアイテムよ！

月　日　ようび

がんばれたこと

今日《きょう》の

月　日　ようび

がんばれたこと

今日《きょう》の

Love《ラブ》×Love《ラブ》おまじない

告白前日《こくはくぜんじつ》にやってみよう！ 湯気《ゆげ》でくもったおふろの鏡《かがみ》に、指《ゆび》でカレと自分《じぶん》のイニシャルを書《か》こう。その後《あと》に顔《かお》を洗《あら》ってから、もう一度《いちど》、文字《もじ》を書《か》いた鏡《かがみ》を見《み》てね。文字《もじ》が消《き》えてなかったら告白成功《こくはくせいこう》。

月　日　ようび

がんばれたこと

今日《きょう》の♥

月　日　ようび

がんばれたこと

今日《きょう》の♥

まりんの部屋《へや》
Special《スペシャル》

イニシャルチャームでアピール　カバンにカレのイニシャルチャームをつけてみたら？　脈《みゃく》アリならカレも意識《いしき》してくれるし、脈《みゃく》ナシでも彼女気分《かのじょきぶん》♥　みんなには「好《す》きなアイドルのイニシャル」って言《い》っとこう。

月　日　ようび

がんばれたこと

今日《きょう》の ♥

月　日　ようび

がんばれたこと

今日《きょう》の ♥

恋《こい》ガールの
おしゃれテク

香《かお》りもオシャレの一部《いちぶ》♥ 学校《がっこう》に香水《こうすい》はしていけないけど、いい香《かお》りの石鹸《せっけん》やシャンプーで、さりげなく香《かお》りのアピールができるよ。石鹸《せっけん》をタンスの中《なか》に入《い》れておけば、洋服《ようふく》もふんわり香《かお》っていい感《かん》じに♥

月　日　ようび

がんばれたこと

今日《きょう》の♥

月　日　ようび

がんばれたこと

今日《きょう》の♥

話《はな》すときは相手《あいて》の目《め》を見《み》て　相手《あいて》の目《め》を見《み》て話《はな》すのは、基本《きほん》だけど一番重要《いちばんじゅうよう》！　特《とく》に何《なに》かやってもらったときの「ありがとう」は絶対《ぜったい》に目《め》を見《み》て、にっこりしながら伝《つた》えて。好感度《こうかんど》が一気《いっき》に跳《は》ね上《あ》がるよ！

まりんの部屋《へや》
Special《スペシャル》

Congratulations!《コングラッチュレーション》

You have just completed your final step!

おめでとう！

最後《さいこ》まで終《お》わったよ！

♥ ♥ ♥

さらにカレに近《ちか》づけた瞬間《しゅんかん》や
今《いま》までと違《ちが》うカレの反応《はんのう》などを書《か》いておこう。

ワッペンシール

ついに恋《こい》がかなう時《とき》がやってきたよ！

カレとのキョリも近《ちか》くなり、カレはあなたのことが気《き》になって仕方《しかた》がないはず。
告白《こくはく》の準備《じゅんび》は完了《かんりょう》！　ラブレターを完成《かんせい》させてカレに告白《こくはく》しよう！

「恋《こい》はかなうよ！」
シールをはろう♡

チャートでわかっちゃう

男《おとこ》の子《こ》のタイプ別《べつ》

＼成功率《せいこうりつ》がUP《アップ》する／

ラブレターのわたし方《かた》

問《もん》に答《こた》えるだけで、あなたにぴったりの男《おとこ》の子《こ》タイプ&《アンド》ラブレターのわたし方《かた》がまるわかり♡

スタート☆

自分《じぶん》は…
おとなしいほうだと思《おも》う→1へ
元気《げんき》なほうだと思《おも》う→2へ

1
初《はじ》めてのデートは…
遊園地《ゆうえんち》ではしゃぎたい→3へ
近所《きんじょ》の公園《こうえん》でまったり→4へ

2
朝《あさ》に食《た》べたいのは…
パン→4へ
ご飯《はん》→6へ

3
あこがれちゃうのは…
頭《あたま》のいい人《ひと》
→結果《けっか》A《エー》
おもしろい人《ひと》
→4へ

4
持《も》ってる服《ふく》はどっちが多《おお》い？
スカート→結果《けっか》B《ビー》
パンツ→5へ

5
みんなから「面倒見《めんどうみ》がいい」と…
言《い》われる→結果《けっか》C《シー》
言《い》われない→6へ

6
もし自分《じぶん》がお姫《ひめ》さまなら…
王子様《おうじさま》に守《まも》られたい→結果《けっか》A《エー》
王子様《おうじさま》と一緒《いっしょ》に戦《たたか》いたい→結果《けっか》C《シー》

結果発表《けっかはっぴょう》!!

A《エー》のあなたは…
高尾《たかお》タイプの彼《かれ》に堂々《どうどう》とわたして

大人《おとな》びた高尾《たかお》のような男子《だんし》にひかれるあなた。高尾《たかお》タイプには、ラブレターも堂々《どうどう》と。彼《かれ》がひとりになったら「私《わたし》の気持《きも》ちです」と、目《め》を見《み》てしっかりわたして。きっと真剣《しんけん》に考《かんが》えてくれるはず！

B《ビー》のあなたは…
小日向《こひなた》タイプの彼《かれ》にプレゼントとわたして

優《やさ》しい小日向《こひなた》のような男子《だんし》にひかれるあなた。小日向《こひなた》タイプには、何《なに》かのついでのフリをしてラブレターをわたすのがオススメ。誕生日《たんじょうび》プレゼントの袋《ふくろ》に入《い》れるなどすれば、意識《いしき》してくれるはず！

C《シー》のあなたは…
桧山《ひやま》タイプの彼《かれ》に顔《かお》を見《み》ずにわたして

やんちゃな桧山《ひやま》のような男子《だんし》にひかれるあなた。桧山《ひやま》タイプには、あえての郵送《ゆうそう》か、机《つくえ》に入《い》れる方法《ほうほう》で。いつも普通《ふつう》におしゃべりしてる、あなたからの突然《とつぜん》のラブレターに、ドキッとしちゃうはず！

4つのポイントで必《かなら》ずキモチ

恋《こい》がかなうラブレター

キモチを伝《つた》えるために必要《ひつよう》なポイントはこの４つだけ！
まずはこのページに下書《したが》きを作《つく》ってみよう。
ＮＧ《エヌジー》なラブレターにならないように注意《ちゅうい》してね。

1 はじめに「好《す》き」と書《か》こう！

ラブレターの一番《いちばん》はじめに「好《す》き」としっかりキモチを書《か》こう。相手《あいて》はその言葉《ことば》を読《よ》んだだけでドキッとして、あなたを意識《いしき》してくれるよ。

NG もうすでに仲《なか》が良《よ》いカレ相手《あいて》に自己紹介《じこしょうかい》をダラダラと書《か》いちゃダメ！　くどい手紙《てがみ》は読《よ》む気《き》がなくなるし、めんどくさい子《こ》だと思《おも》われちゃう。

2 カレのどこが好《す》きなのか書《か》こう！

カレは突然《とつぜん》「好《す》き」と言《い》われてビックリしてるよ。信《しん》じてもらうために、あなたがこの６か月《げつ》で知《し》ったカレのステキなところをていねいに書《か》こう。

NG 「カッコイイ」「頭《あたま》がいい」などの誰《だれ》でも書《か》ける内容《ないよう》はイマイチ。「こんなとこまで見《み》ていてくれたんだ！」とカレをドキッとさせるような内容《ないよう》を！

3 付《つ》き合《あ》ってなにをしたいか書《か》こう！

手帳《てちょう》を書《か》きながら毎日考《まいにちかんが》えていた「したいこと」を素直《すなお》に伝《つた》えて！　おしゃべりや公園《こうえん》で遊《あそ》ぶ、手《て》つなぎなどのカンタンで明《あか》るい内容《ないよう》が◎

NG 「毎日《まいにち》１０回《かい》メール」「他《ほか》の子《こ》と話《はな》さないで」などの難《むずか》しい希望《きぼう》はダメ！　「付《つ》き合《あ》うってめんどくさそう…」と思《おも》っちゃうよ。付《つ》き合《あ》ったら楽《たの》しそうと思《おも》わせて！

4 返事《へんじ》をしてほしいと書《か》こう！

男《おとこ》の子《こ》はラブレターや告白《こくはく》に返事《へんじ》をするのがすっごくニガテだよ。いつまでに返事《へんじ》がほしいと書《か》いて、渡《わた》す時《とき》にもその約束《やくそく》をするのがオススメ。

NG 返事《へんじ》を聞《き》くのが怖《こわ》くて期限《きげん》を書《か》かないのはダメ！　本当《ほんとう》はＯＫ《オーケー》なのにカレが返事《へんじ》するキッカケがなくてうやむやになっちゃう！　ここは勇気《ゆうき》を出《だ》そう！

Good《グッド》 luck《ラック》 to《トゥ》 your《ユア》 love《ラブ》!

あなたの恋《こい》がかないますように

伝《つた》わる

レッスン

くんへ

1

私《わたし》は　　　くんのことが大好《だいす》きです。

2

私《わたし》は　　　くんの…

…ところが好《す》きです。

3

くんと付《つ》き合《あ》ったら…

…をしたいです。

4

までにお返事《へんじ》ください。待《ま》ってます。

より。

最後《さいご》の仕上《しあ》げにお守《まも》りシールをはろう！

ラブレターが書《か》き上《あ》がったらハートシールを４枚重《まいがさ》ねてクローバーにして手紙《てがみ》の封《ふう》をしてね。恋《こい》を守《まも》ってくれるよ！

12歳。 〜カタコイ diary〜

イラスト／まいた菜穂

2018年12月11日初版第1刷発行

発行人／細川祐司
編集人／筒井清一
編集／藤谷小江子

発行所／株式会社　小学館
〒101-8001　東京都千代田区一ツ橋2-3-1
電話・編集／03-3230-5613
営業／03-5281-3555

印刷／三晃印刷株式会社
製本／株式会社若林製本工場

本文イラスト／まいた菜穂
デザイン／sa-ya design・terraco

Printed in Japan　ISBN　978-4-09-289802-8